I0821315

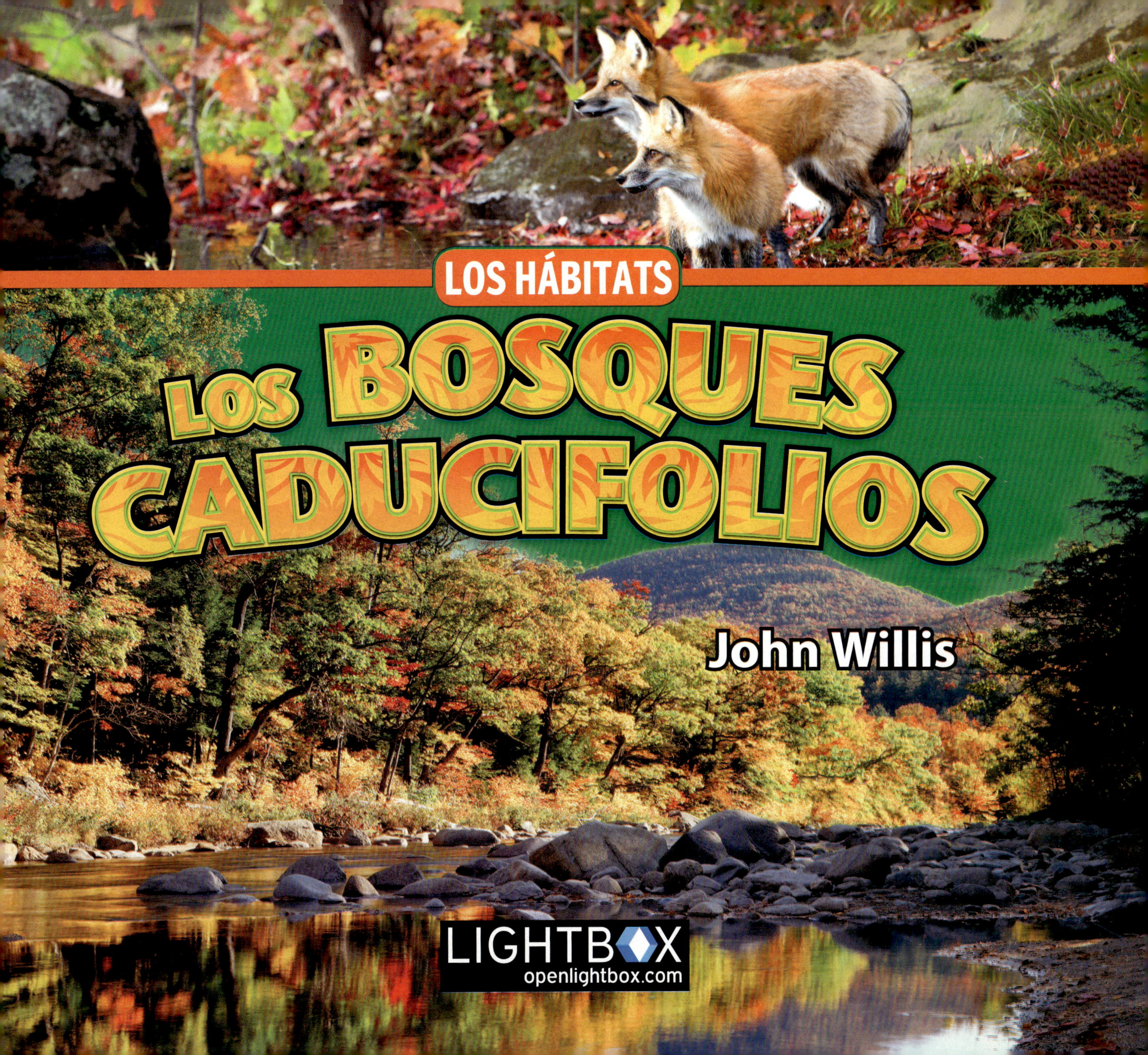
LOS HÁBITATS
LOS BOSQUES CADUCIFOLIOS
John Willis
LIGHTBOX
openlightbox.com

Entre a
www.openlightbox.com
e ingrese el código único
de este libro.

CÓDIGO DE ACCESO

LBY24634

Lightbox es una completa solución digital para enseñar y aprender temas curriculares de una manera original e innovadora. Lightbox se basa en las Normas Curriculares Nacionales.

OPTIMIZADO PARA

- ✓ TABLETAS
- ✓ PIZARRAS ELECTRÓNICAS
- ✓ COMPUTADORAS
- ✓ ¡Y MUCHO MÁS!

CARACTERÍSTICAS ESTÁNDAR DE LIGHTBOX

 **AUDIO** Narraciones de alta calidad con sistema de texto a voz

 **VIDEOS** Videoclips de alta definición incorporados

 **ACTIVIDADES** PDFs imprimibles que pueden enviarse por correo electrónico y calificarse

 **ENLACES WEB** Enlaces cuidadosamente seleccionados con recursos seguros para niños

 **PRESENTACIÓN EN DIAPOSITIVAS** Ilustraciones gráficas de los conceptos clave

 **MAPAS INTERACTIVOS** Mapas interactivos e imágenes satelitales aéreas

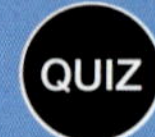

CUESTIONARIOS Diez preguntas de elección multiple con puntaje automático que se envían por correo electrónico al docente para su evaluación

 **PALABRAS CLAVE** Combinación de los conceptos clave con sus definiciones

VIDEOS

ENLACES WEB

PRESENTACIÓN EN DIAPOSITIVAS

CUESTIONARIOS

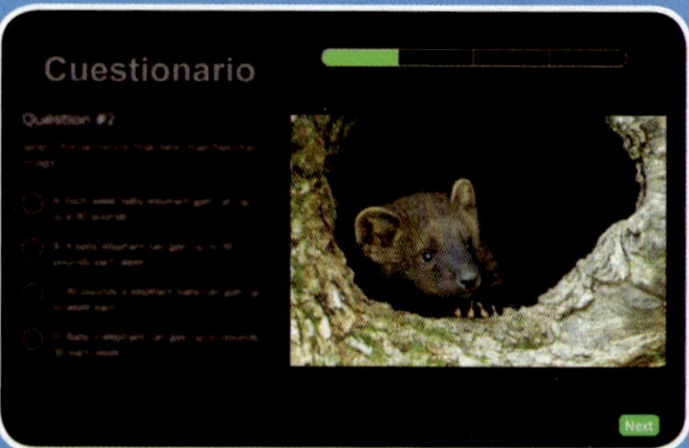

Los BOSQUES CADUCIFOLIOS

Contenidos

Este es un bosque caducifolio.

Un bosque caducifolio está formado por árboles que pierden sus hojas. Esto ocurre cuando el clima se vuelve frío.

El bosque caducifolio oriental cubre la mayor parte del este de los Estados Unidos.

Los bosques caducifolios están en lugares donde hace calor durante el verano y nieva en el invierno.

La mayoría de los bosques caducifolios se encuentran al norte del ecuador.

En el bosque caducifolio hay diferentes tipos de árboles. Muchos de ellos tienen hojas anchas.

Estos árboles necesitan agua todo el año para que crezcan sus hojas.

Los bosques caducifolios pueden recibir hasta **60 pulgadas** (150 centímetros) de **lluvia** y **nieve** por año.

Un hábitat es un lugar donde vive una determinada planta o animal.

En los bosques caducifolios viven muchas plantas y animales que se necesitan mutuamente para sobrevivir.

En las rocas y los troncos en descomposición crece el musgo.

Algunos osos pardos pasan el invierno durmiendo en los huecos de los árboles.

Las semillas que esconden las ardillas rayadas pueden convertirse en árboles.

Los pájaros carpinteros crestados hacen agujeros en los árboles para buscar comida.

Las bellotas del roble blanco son el alimento de muchos pájaros, como el pavo salvaje.

En los bosques caducifolios viven y crecen plantas y hongos.

Los helechos hembra usan esporas diminutas para reproducirse.

El hongo yesca crece en el tronco de un árbol y lo utiliza como alimento.

Las flores silvestres son el alimento de las abejas y mariposas.

El viento sopla las semillas de los arces a otros lugares donde pueden crecer.

Los álamos pueden crecer rápidamente después de un incendio.

En los bosques caducifolios viven muchos animales diferentes.

La piel venenosa del sapo americano lo mantiene a salvo.

Los lirones duermen todo el invierno para conservar el calor.

El venado de cola blanca aumenta su pelaje en invierno para resguardarse del frío.

Los colores de las plumas del autillo oriental lo ayudan a esconderse en los árboles.

La oruga carpa del este se come las hojas de los árboles en primavera.

En los bosques caducifolios, las hojas que caen de los árboles se convierten en parte del suelo y lo ayudan a estar sano.

El suelo sano facilita el crecimiento de otras plantas.

La gente corta los árboles de los bosques caducifolios.

Algunos usan la madera de estos árboles para construir casas. Otros la usan para hacer muebles.

Se pueden **plantar semillas** en los lugares donde se han cortado los árboles. Así, se ayuda a que **crezcan** nuevos bosques.

Los automóviles contaminan el aire. La contaminación del aire puede caer sobre los bosques cuando llueve.

Podemos ayudar a proteger los bosques caducifolios si caminamos o usamos bicicletas cuando viajamos.

Cuestionario sobre los bosques caducifolios

Veamos qué has aprendido sobre los bosques caducifolios.

Encuentra estos animales y plantas del bosque caducifolio en el libro. ¿Cómo se llaman?

Published by Smartbook Media Inc.
350 5th Avenue, 59th Floor New York, NY 10118
Website: www.openlightbox.com

Library of Congress Control Number: 2017961909

ISBN 978-1-5105-3352-3 (hardcover)
ISBN 978-1-5105-3353-0 (multi-user eBook)

Printed in the United States of America in Brainerd, Minnesota
1 2 3 4 5 6 7 8 9 0 22 21 20 19 18

012018
011518

Spanish Project coordinator: Sara Cucini
Spanish Editor: Translation Services USA
English Project coordinator: John Willis
Designer: Ana María Vidal

The publisher acknowledges Getty Images, Alamy, and iStock as the primary image suppliers for this title.